AF206210

Massimo Wolke

Penis
Malspaß
pur

Massimo Wolke

Penis
Malspaß
pur

Bibliografische Information der Deutschen
Nationalbibliothek:
Die Deutsche Nationalbibliothek verzeichnet diese
Publikation in der Deutschen Nationalbibliografie;
detaillierte bibliografische Daten sind im Internet über
http://dnb.dnb.de abrufbar.

Herstellung und Verlag:
BoD – Books on Demand, Norderstedt

ISBN: 978-3-7448-9652-8

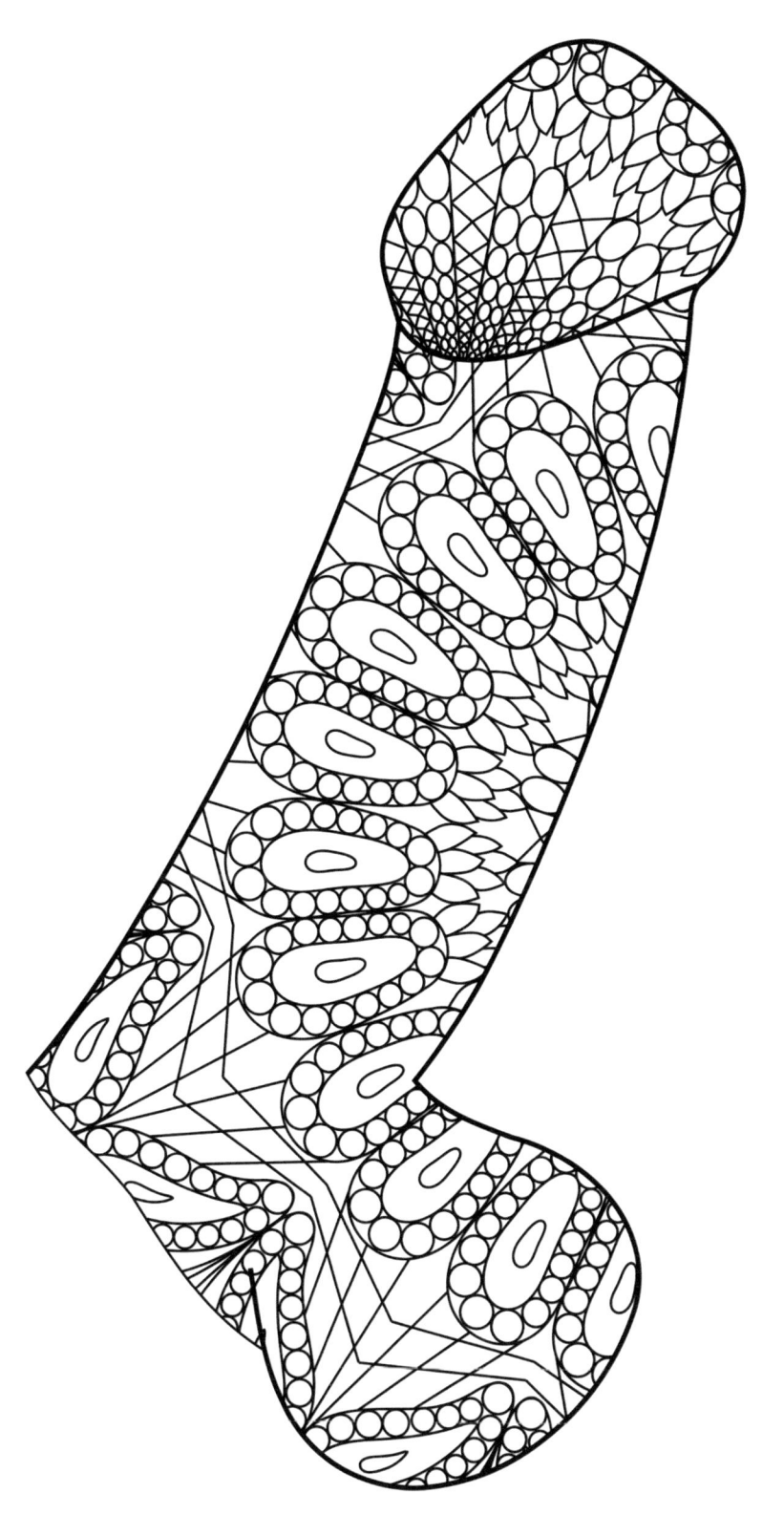

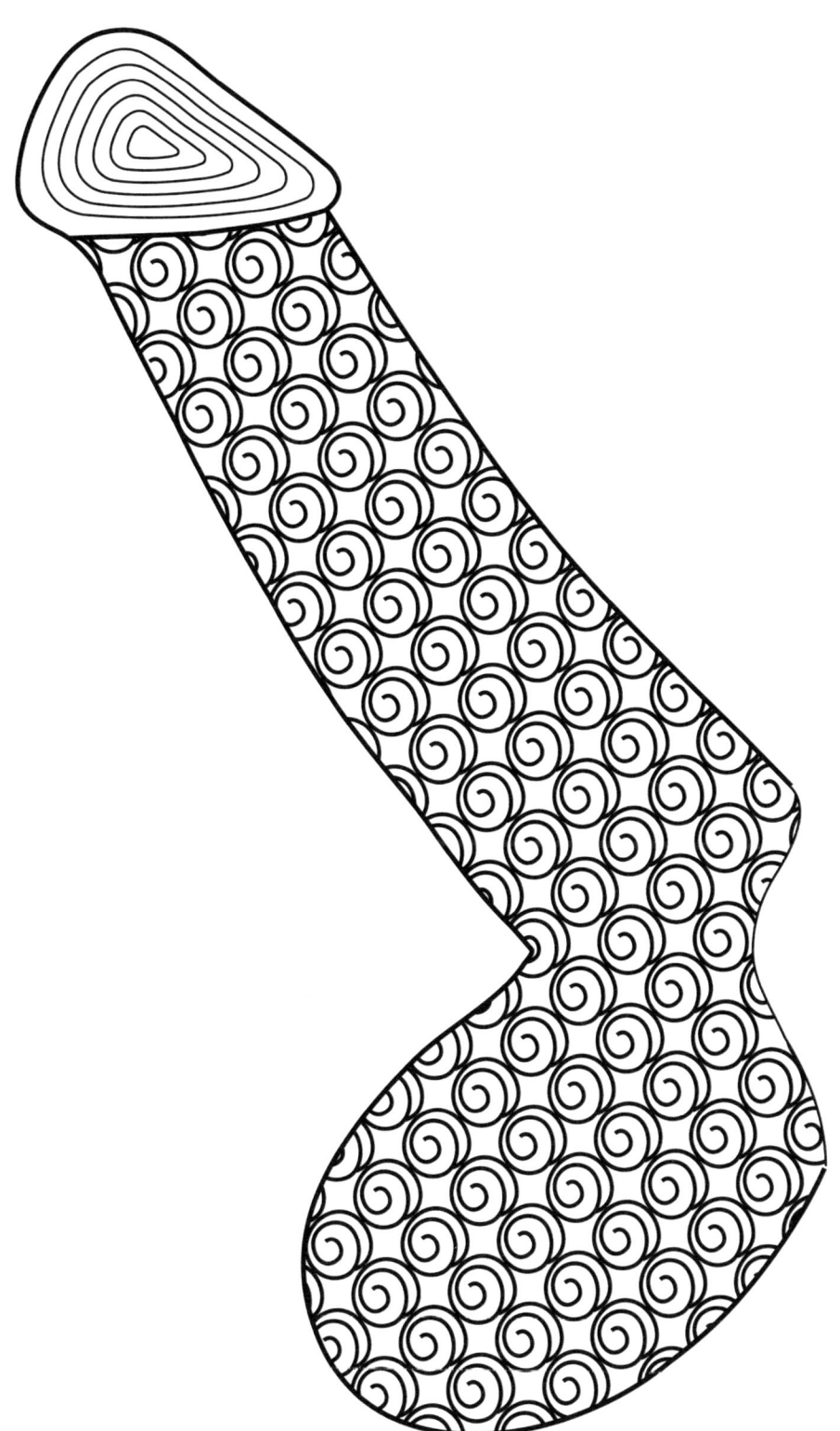

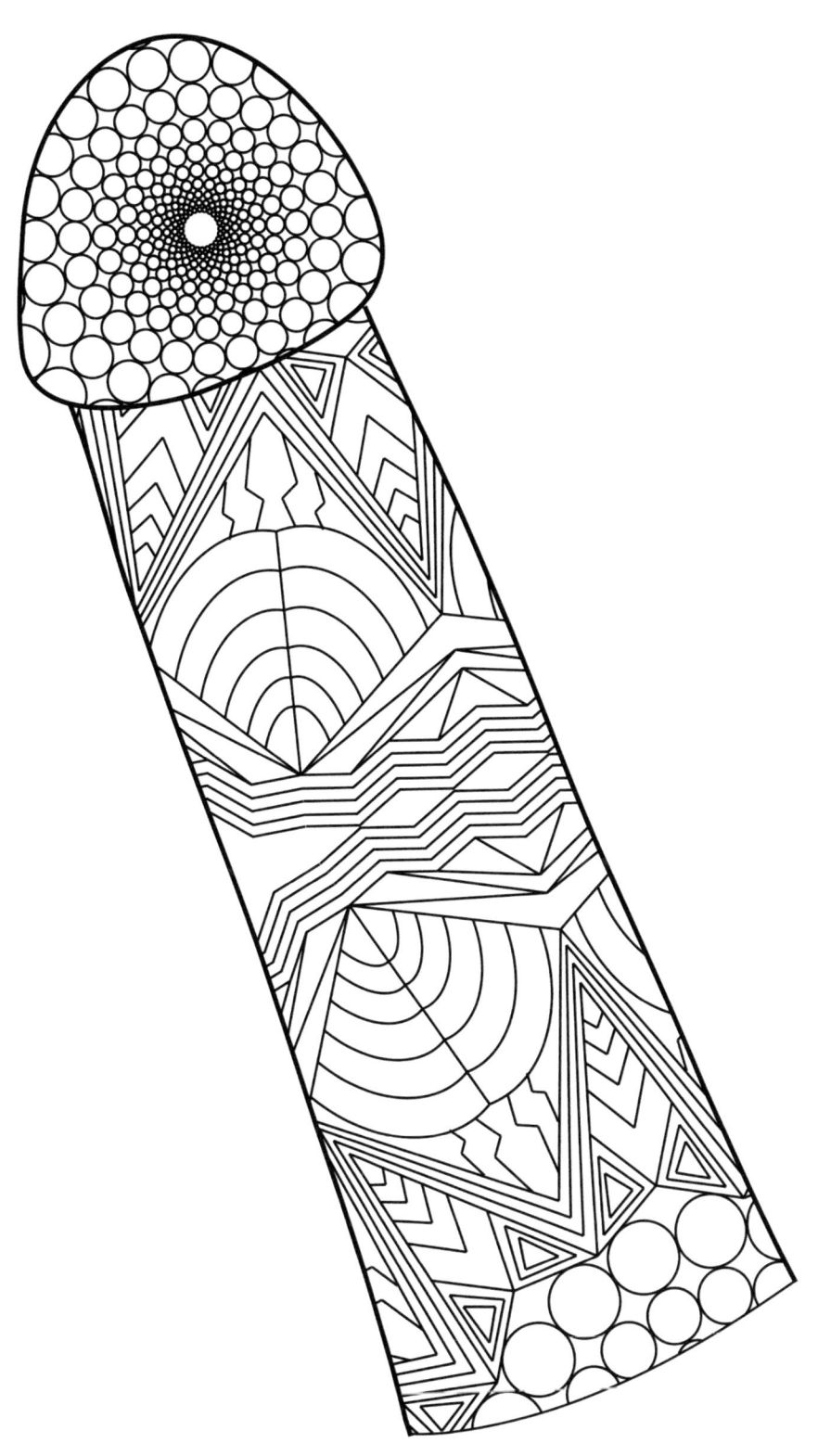

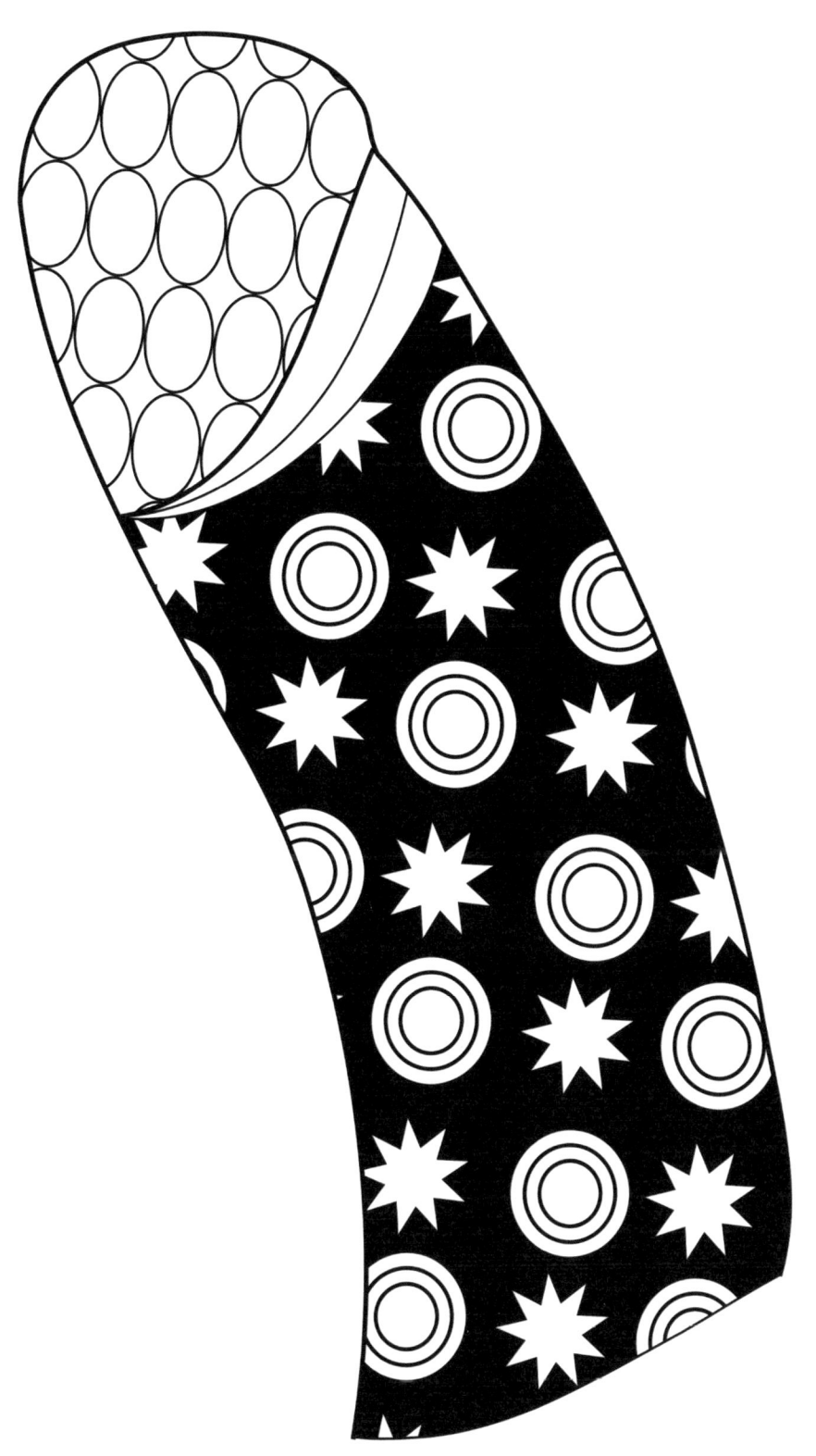

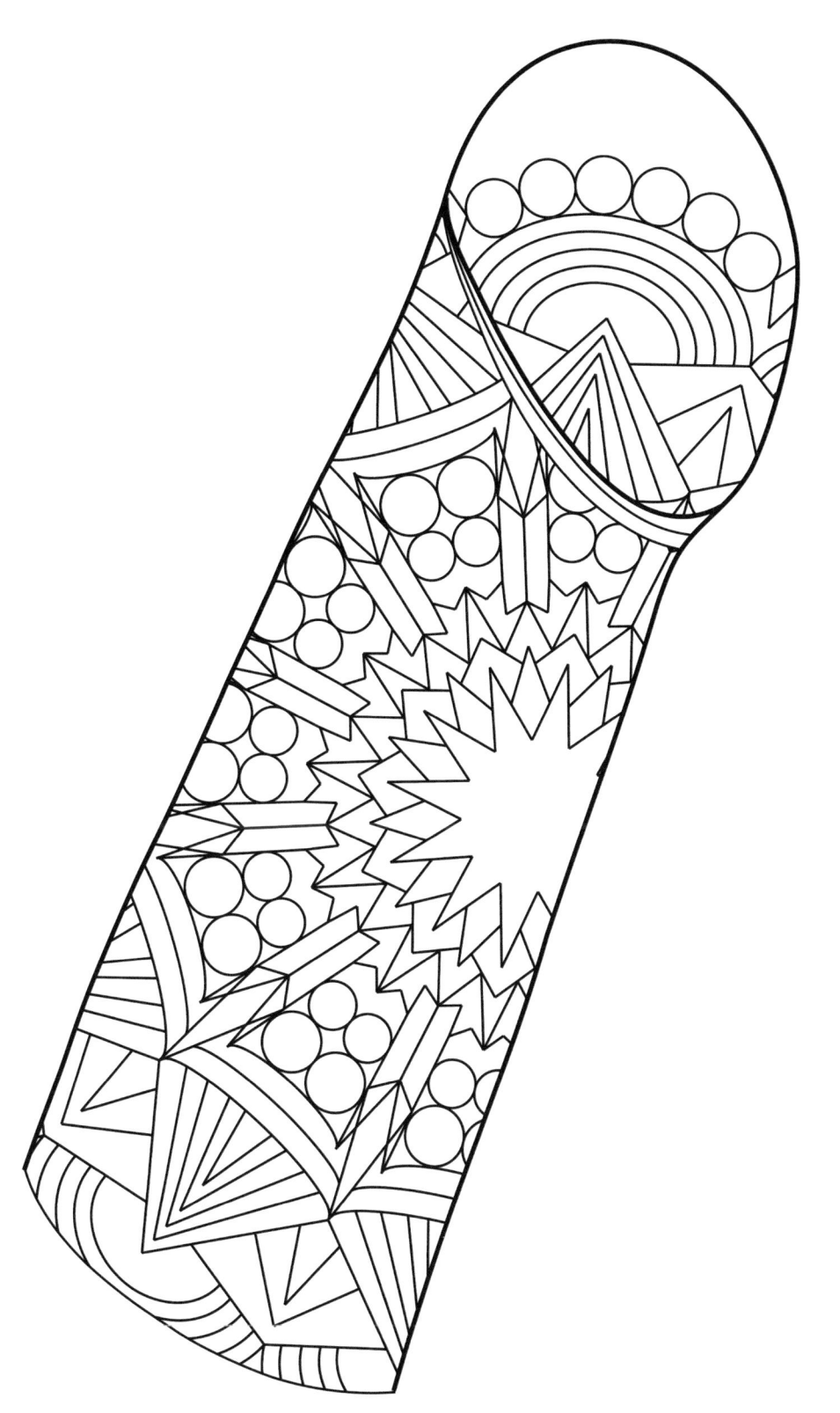

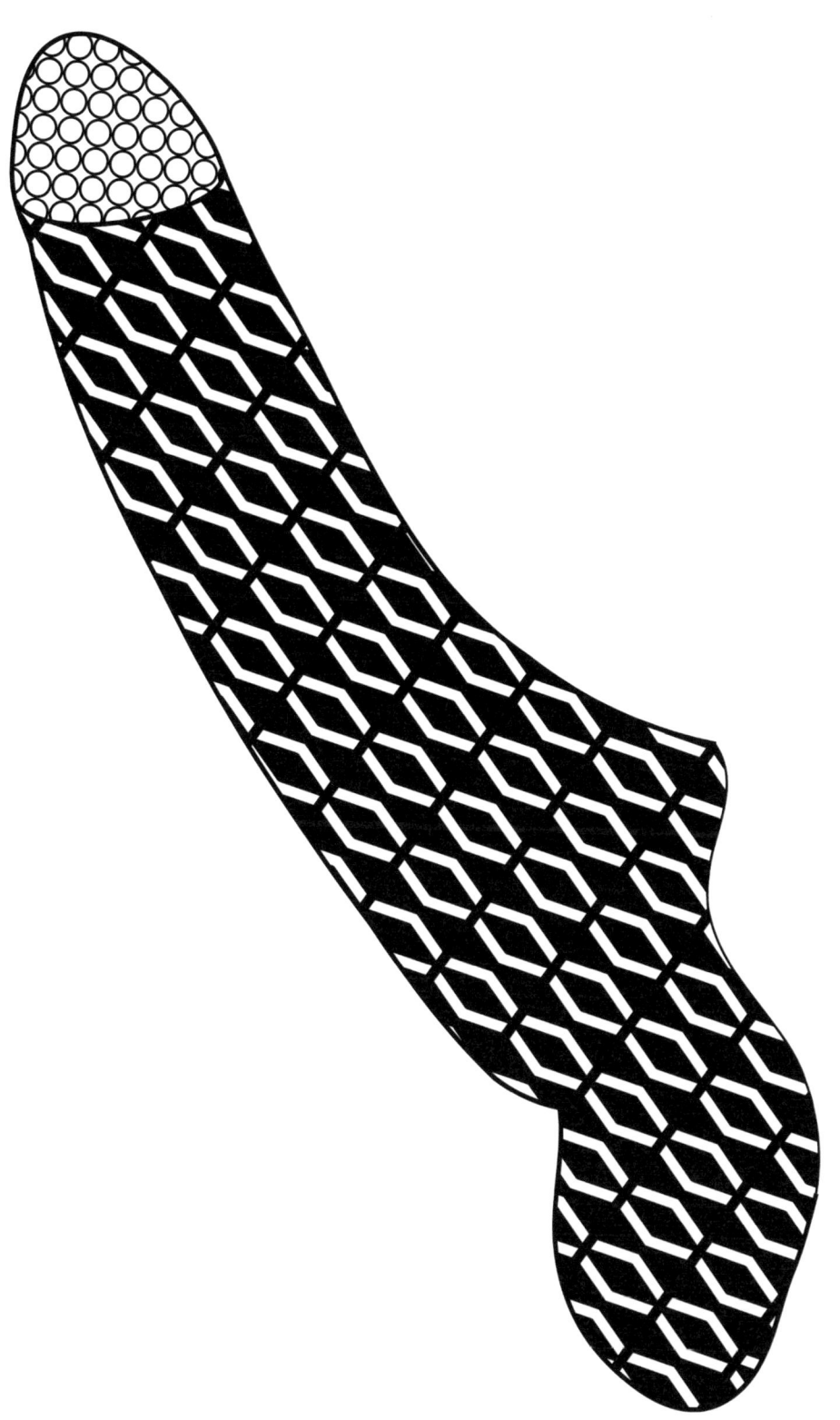

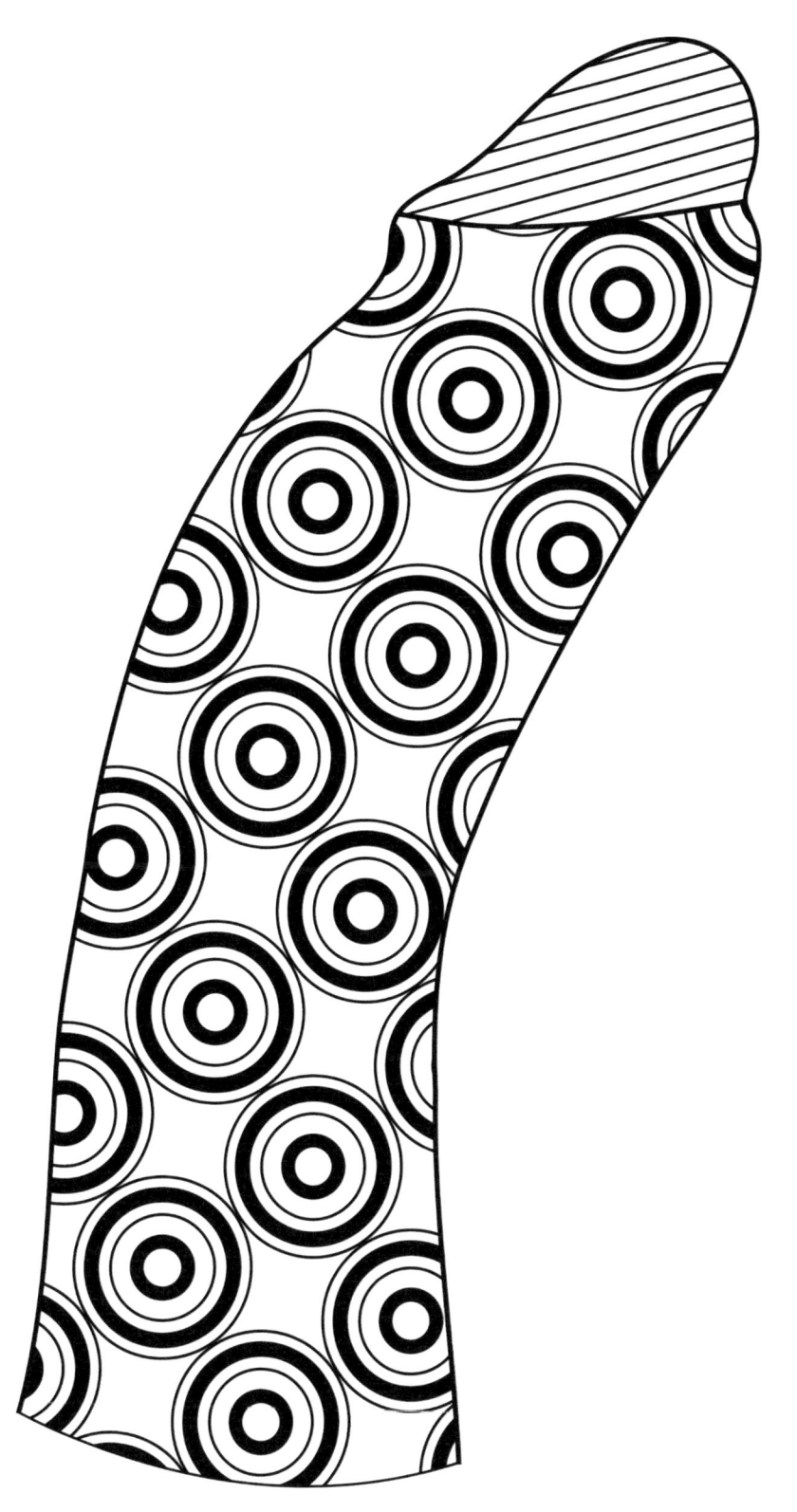

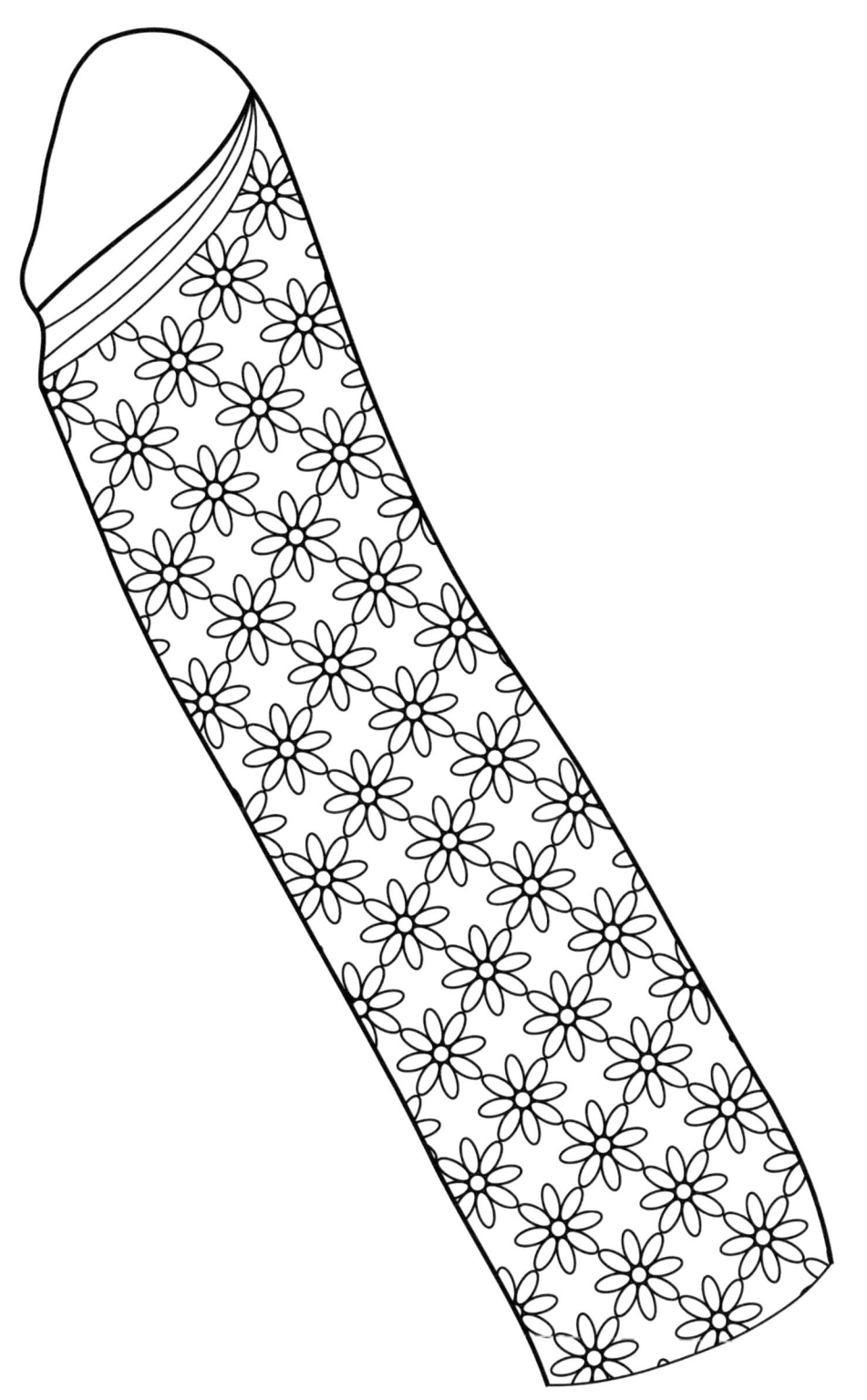

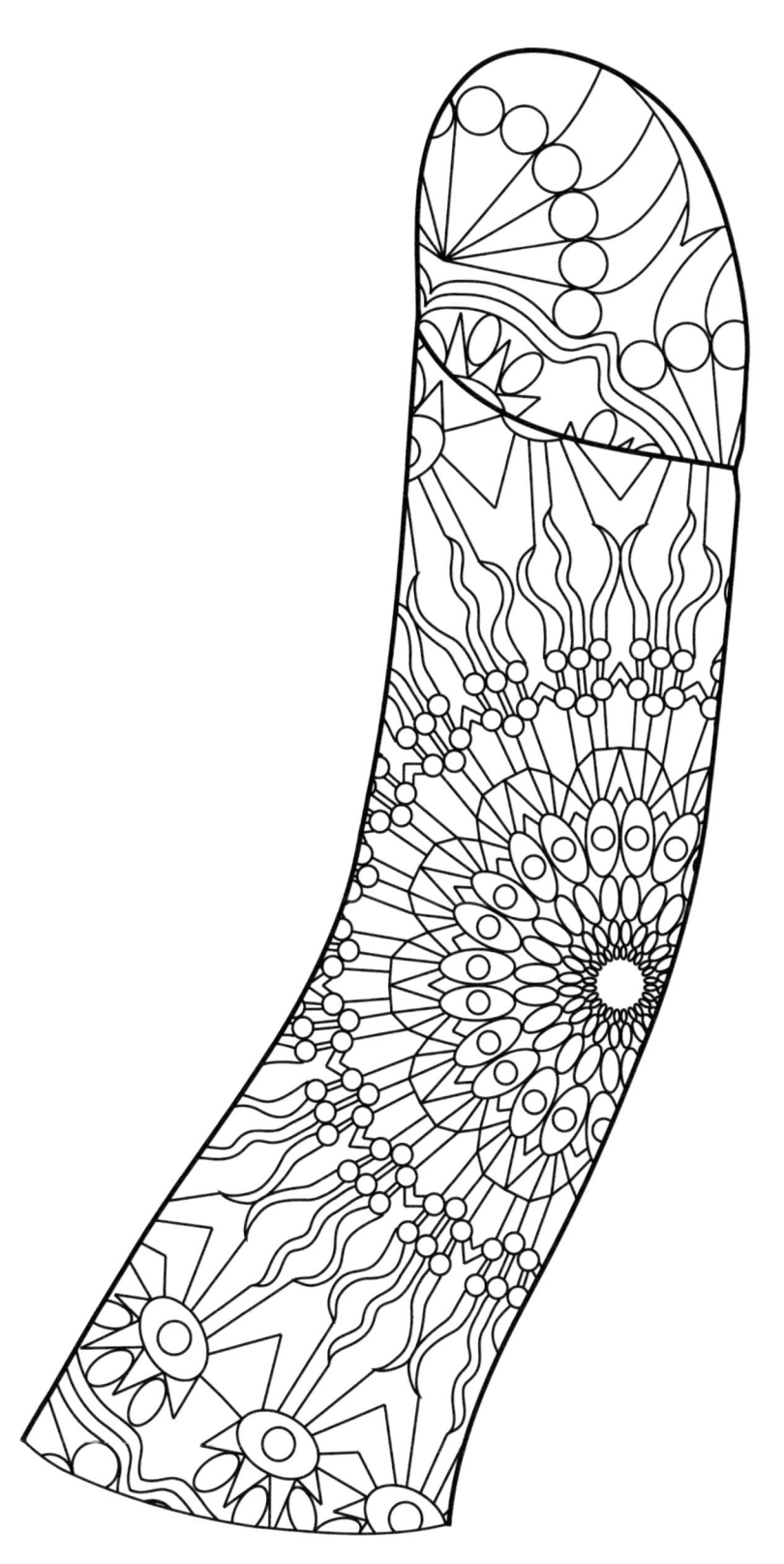

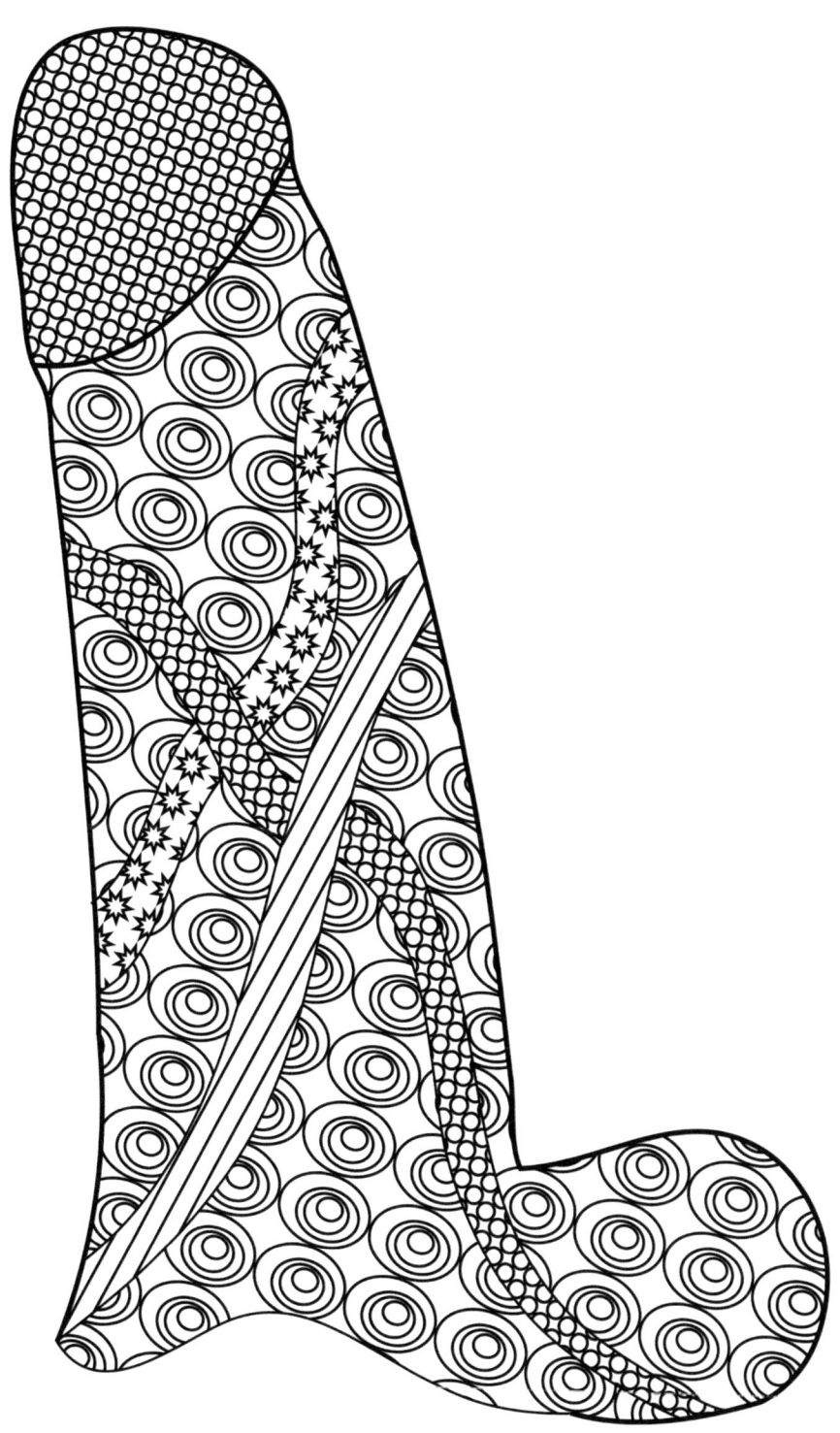

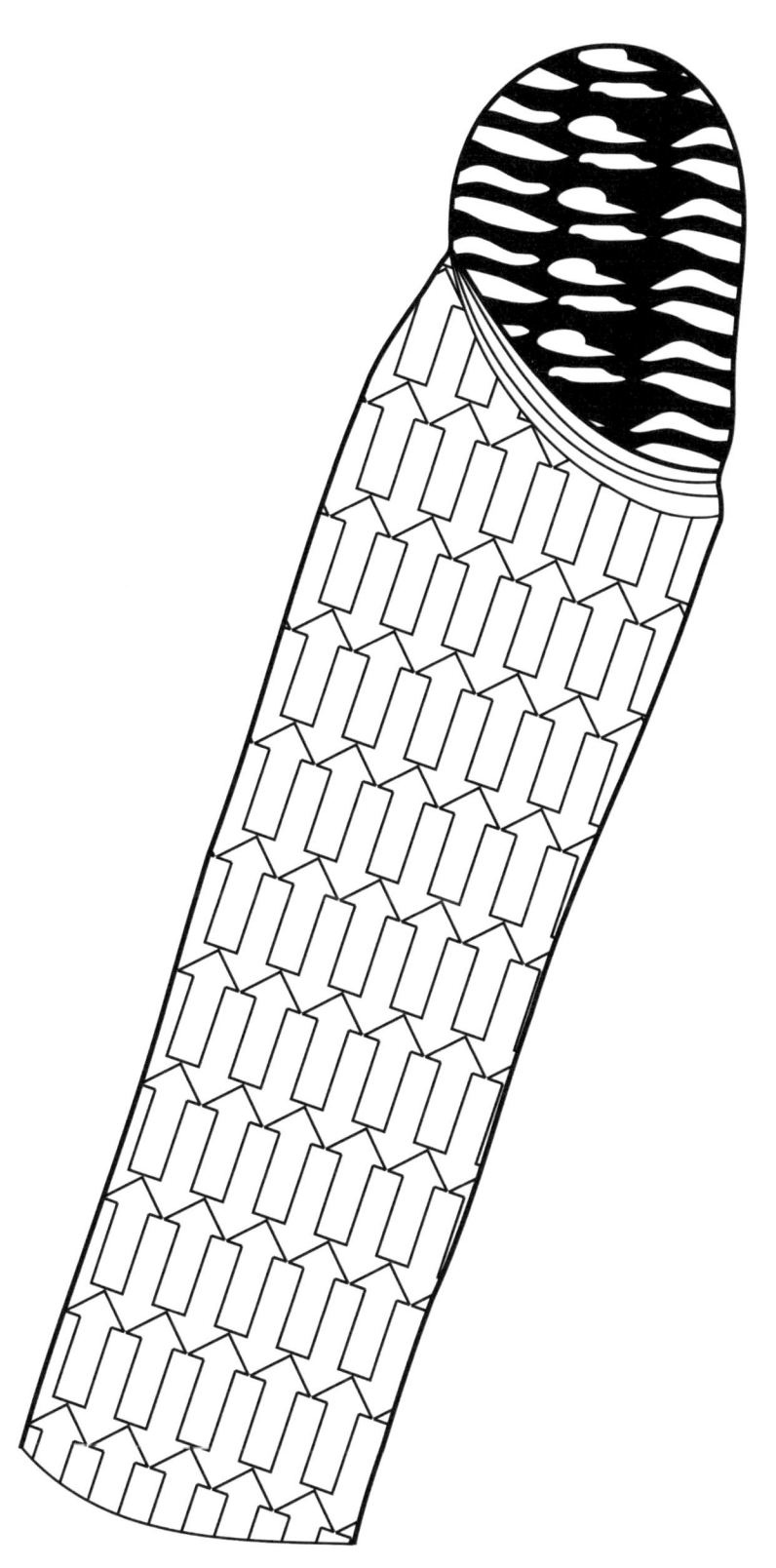

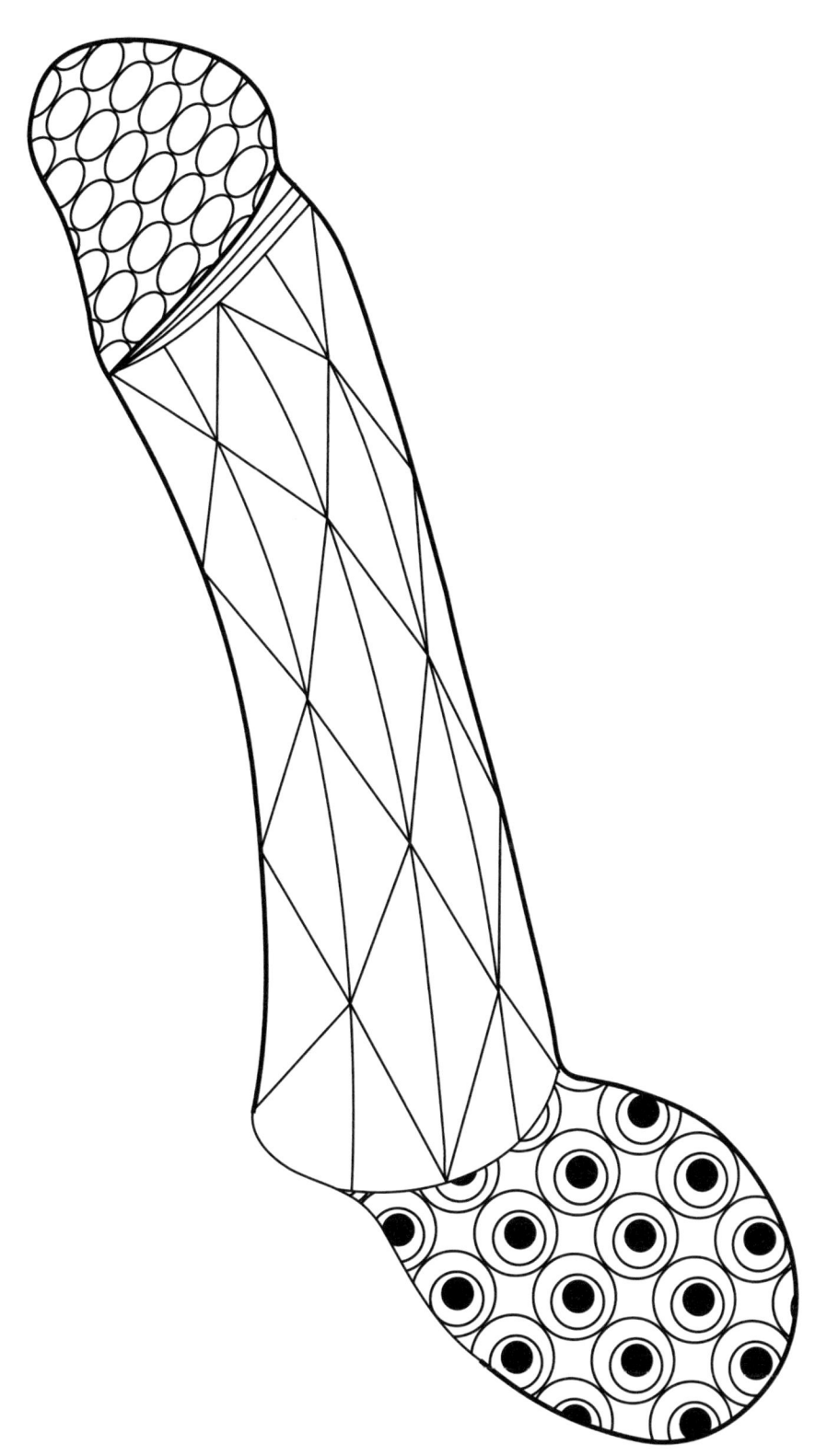

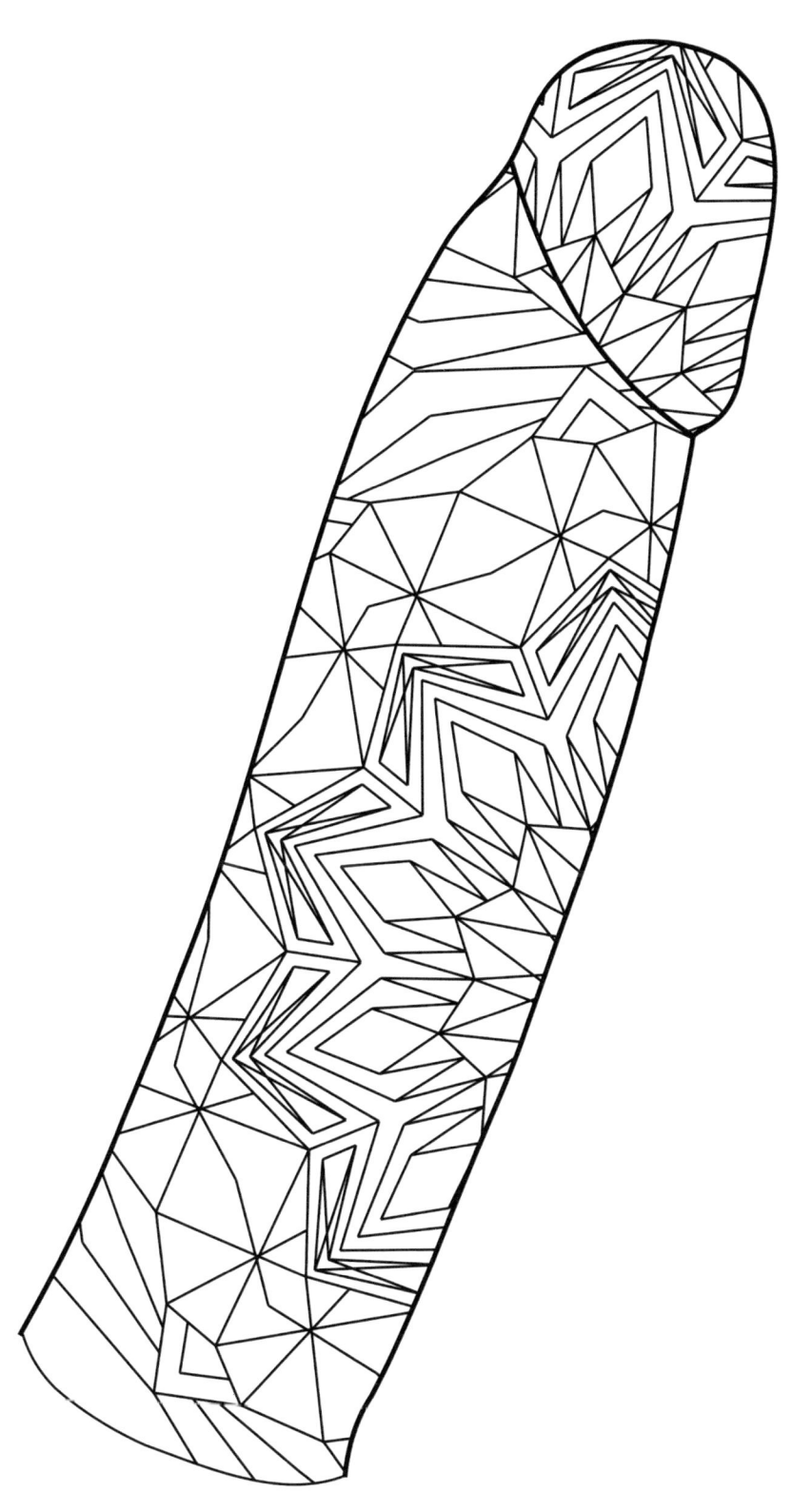

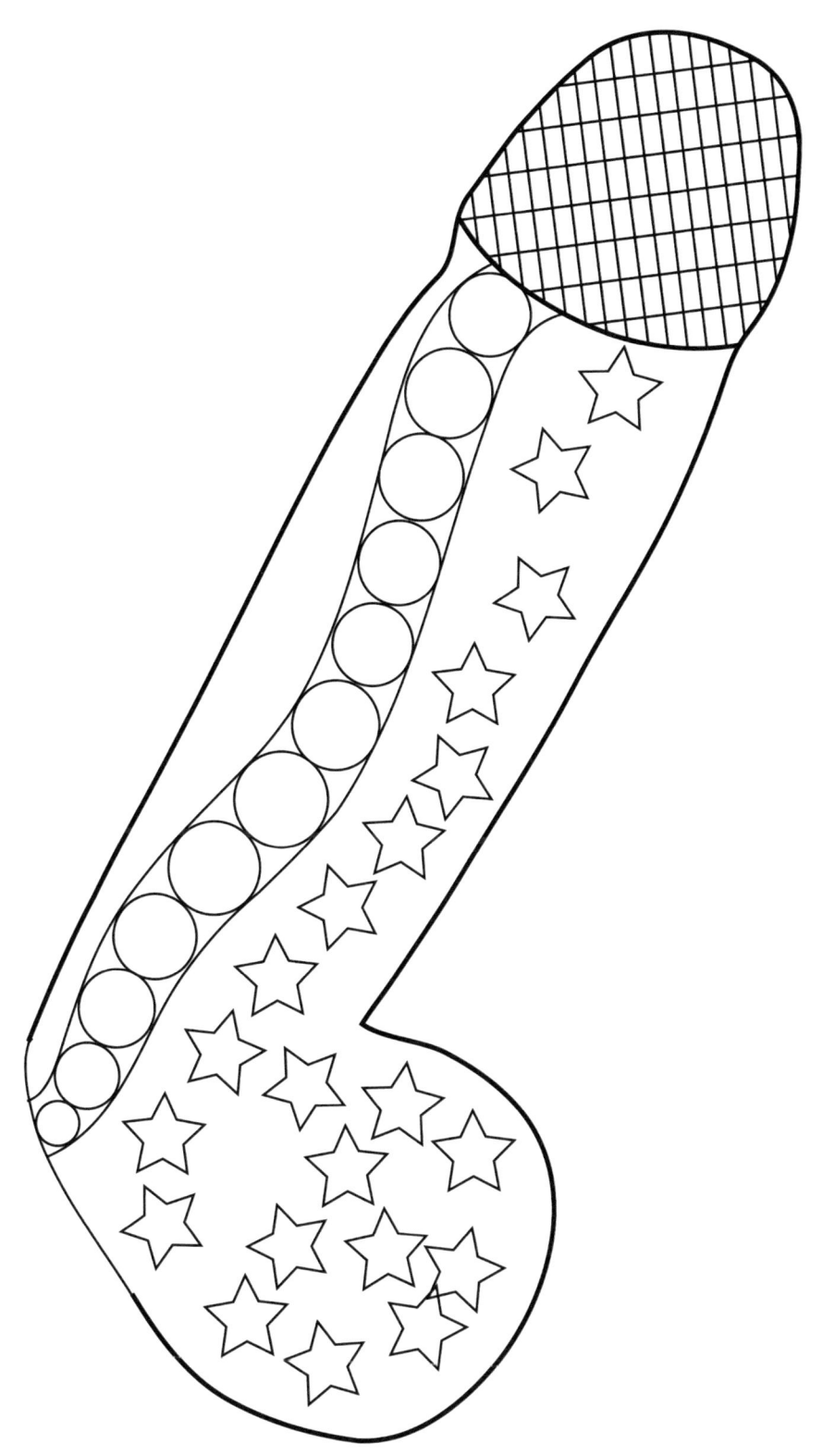

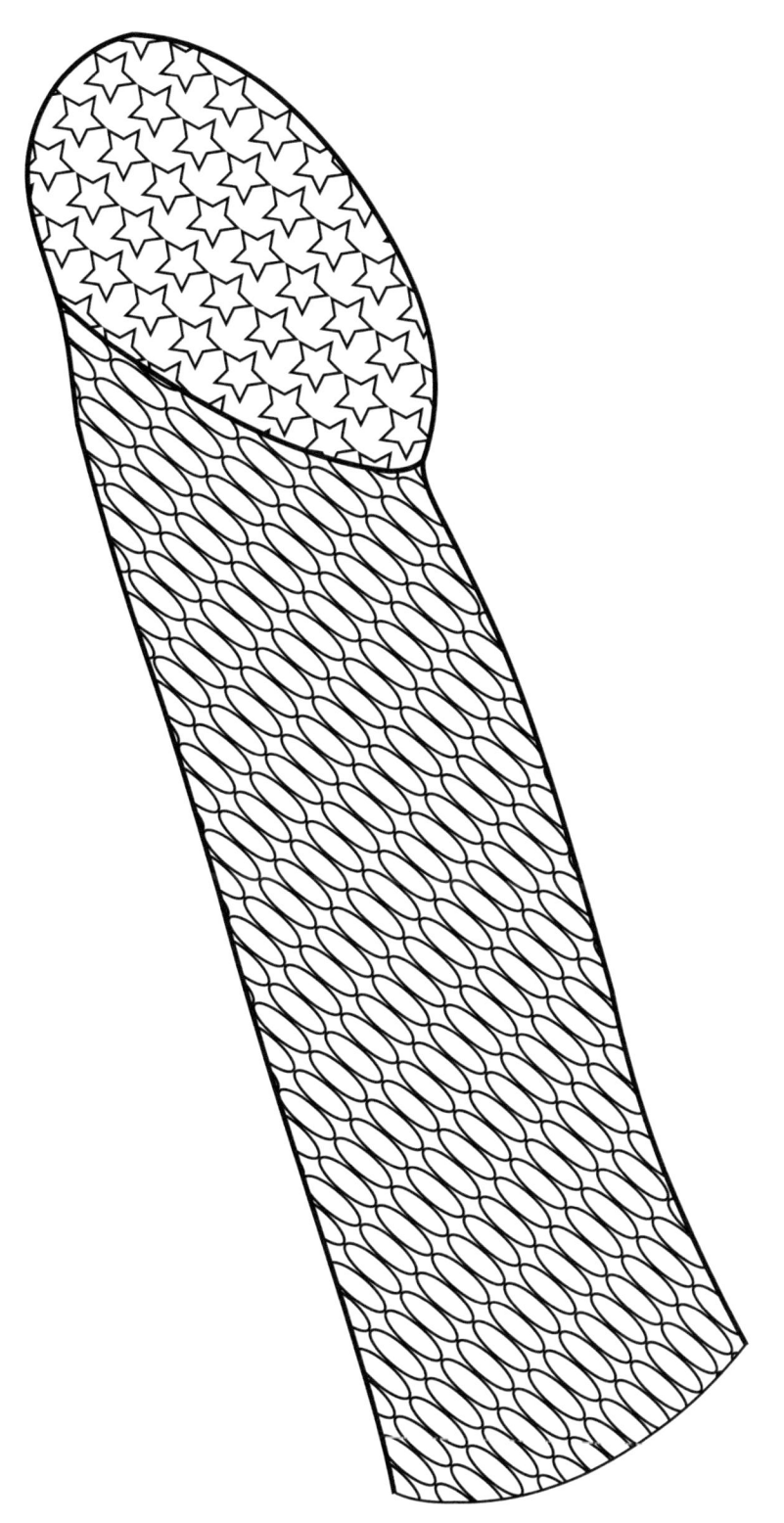

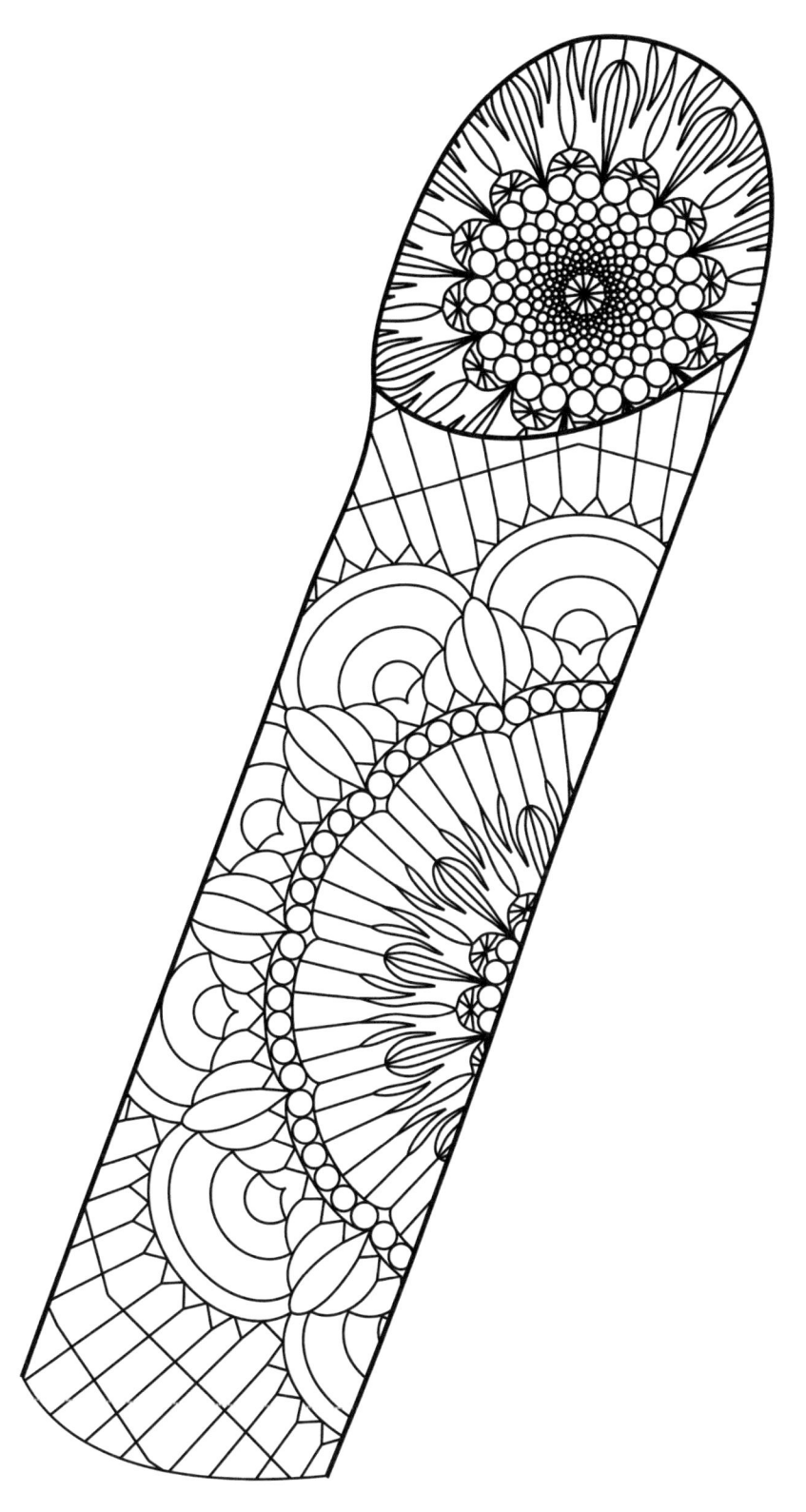

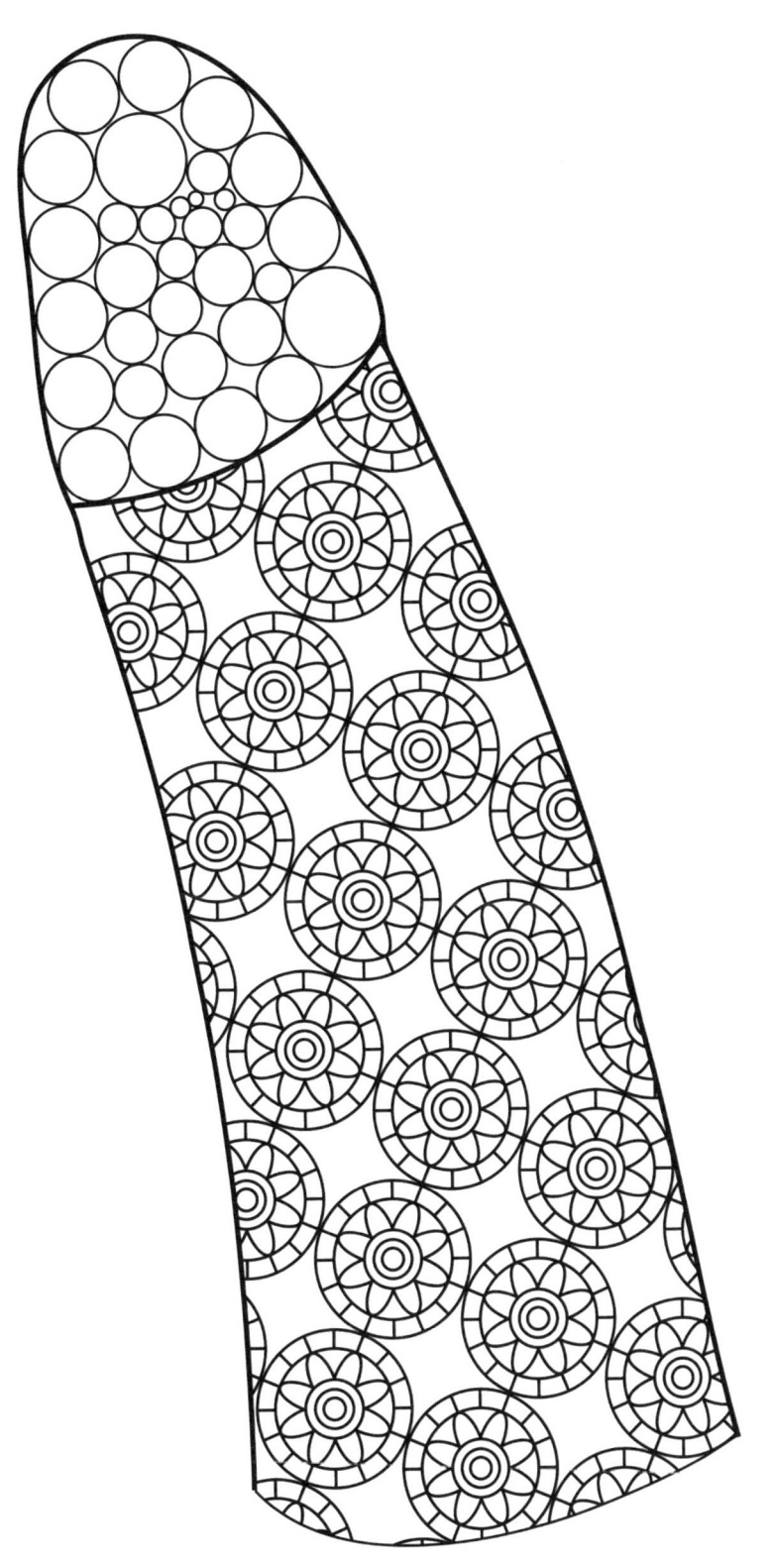

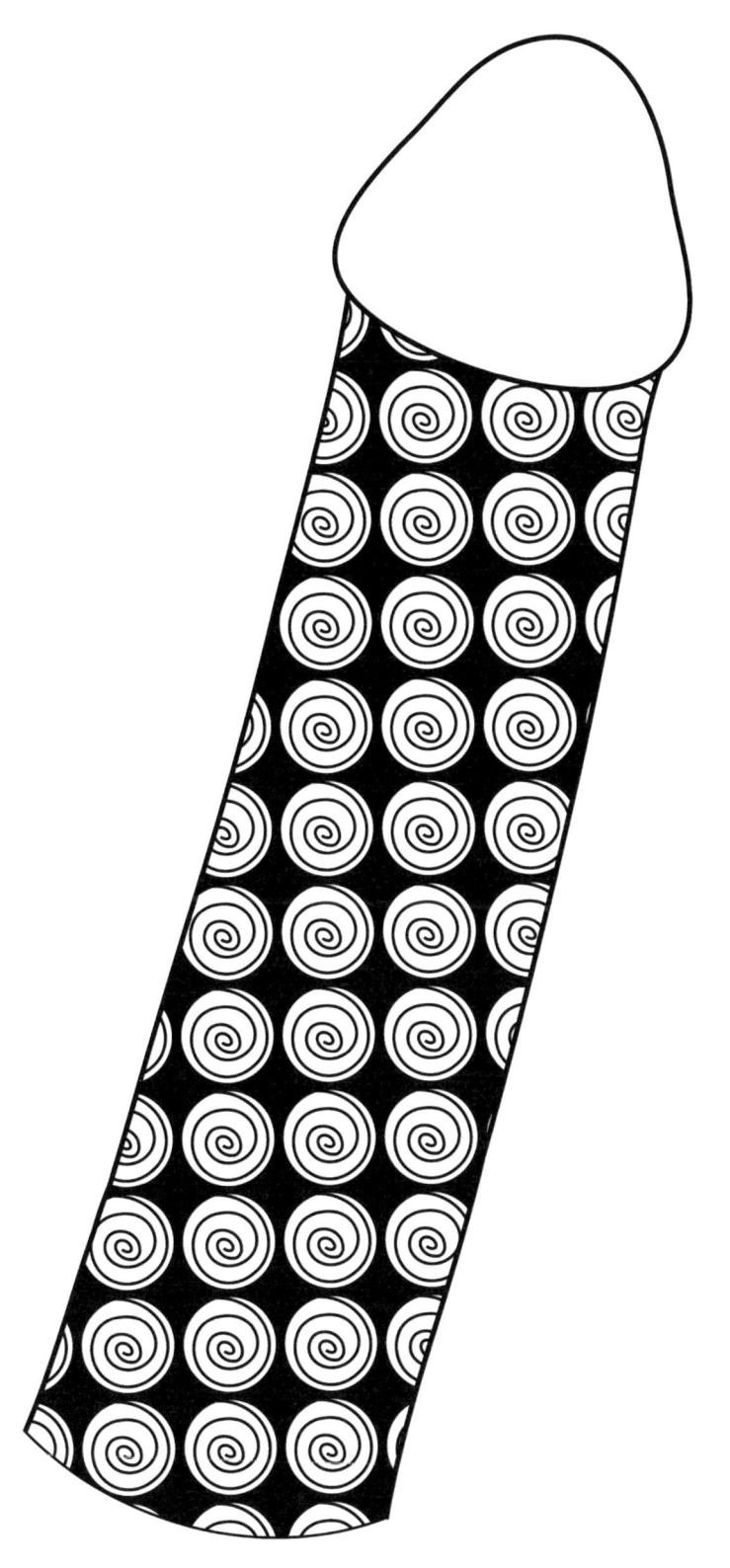